Charles Le Goffic

Les Faucheurs
de la mer

Le savoir
en poche

ISBN : 978-1546862376

10 9 8 7 6 5 4 3 2 1

Charles Le Goffic

Les Faucheurs de la mer

Le savoir
en poche

Table de Matières

Introduction

Frucho de mar, « fruits de mer, » dit-on à Marseille de ces bizarres représentants de la faune méditerranéenne, piades-subérites, vioulets, oursins, lithodomes, etc., qui grouillent au soleil sur les dalles du Vieux-Port ou que l'ingéniosité des restaurateurs dispose méthodiquement sur des lits d'ulves vertes, entre des flacons de vinaigre et des tranches de citron, aux devantures de leurs établissements. Et l'appellation est aussi juste que gracieuse. De fait, la piade-subérite ressemble à une orange ; le vioulet à une figue de Barbarie ; l'oursin à une châtaigne ; le lithodome à une datte confite. Fruits étranges des vergers de la mer, mûris sous l'énorme vitrage de ses eaux ! On les rencontre aussi dans la Manche et l'Océan ; mais ils jouent un rôle plus effacé dans l'alimentation des riverains ; l'oursin, par exemple, très abondant sur les côtes bretonnes, n'est recueilli qu'en carême, où ses ovaires d'un beau rouge, mêlés à la pâte des crêpes, font office de jaune d'œuf.

Aux vergers de la mer les populations de la Manche et de l'Atlantique préfèrent ses moissons que néglige presque totalement l'agriculture provençale. Et il est vrai que le sol de la Provence souffrirait plutôt d'un excédent que d'une pénurie de calcaire. Quelques fermes du littoral méditerranéen utilisent seules comme litière, dans leurs porcheries, les zostères rejetés sur les plages et dont les couches inexploitées atteignent en certaines calanques deux et trois mètres d'épaisseur. Ces mêmes zostères, de qualité plus fine dans les étangs marins, sont recueillis et vendus au commerce sous le nom de « varech d'emballage » ou de « varech à matelas » par une demi-douzaine d'industriels établis à Marignane et à Balaruc.

Le varech n'est pour rien dans l'affaire cependant, les zostères ou posidonies appartenant à la classe des monocotylédones. En réalité, les Provençaux n'exploitent aucune espèce de varech, soit que la récolte leur en paraisse trop difficile dans une mer qui n'a pas de marée, soit qu'ils ignorent ou méconnaissent les différents partis qu'on en peut tirer dans l'industrie, la médecine, et jusque dans l'art culinaire.

Regrettable indifférence, mais que partagent tous nos traités de cuisine ! On dirait à les lire que les algues n'existent pas ou qu'il n'en est point qui soient comestibles. Les Japonais ne sont point de cet avis, qui donnent aux algues toutes sortes de jolis noms d'amitié : *tengousa, kokuributo, tokoro, ao-mori,* etc., etc., et les accommo-

Charles Le Goffic

dent de mille façons ingénieuses. La *durvillea utilis* est fort estimée des gourmets chiliens ; il n'est pas rare de voir figurer sur les tables écossaises les beaux thalles rosés de l'*iridæa edulis* ou les lames foliacées de l'*alaria esculenta* {*badderlok*), également prisée, sous le nom de *hen-voare*, par les Irlandais, qui lui préfèrent cependant leur *carragahen* national. L'*ulva lactuca* ou laitue de mer, préparée en salade, compte des fanatiques jusque chez nous, et le *carragahen* se retrouve dans ces « blancs-mangiers » au goémon blanc, entremets favori des Bas-Bretons.

Dans la thérapeutique, sans doute, l'emploi des algues est devenu moins fréquent qu'autrefois ; mais le *fucus serratus* est toujours préconisé contre la polysarcie ; on se sert comme émollient, dans plusieurs maladies, de l'œthiops végétal tiré du craquet ou *fucus vesiculosus* ; la coralline blanche n'est abandonnée que depuis qu'on a découvert dans la mousse de Corse, agrégat de petites algues coralifères, un helminthifuge plus énergique. Faut-il rappeler encore qu'une certaine floridée, la *rysiphlœa tinctoria*, passe pour avoir fourni aux anciens la fameuse pourpre de Tyr ? Ne sait-on point que l'*agar-agar* de Malaisie et du Japon, extrait de la *gracilaria lichenoides*, a envahi peu à peu les marchés européens, où sa gelée onctueuse et transparente le rend également propre à la fabrication des confitures et au laminage des étoffes, tandis que par sa résistance à la liquéfaction il constitue un milieu de culture très apprécié en microbiologie ? Tissés d'une certaine façon, les stipes des macrocystes remplacent avantageusement les palangres de pêche chez les Fuégiens ; dans les troncs cornés d'une espèce de laminaire, nos équipages baleiniers se taillaient jadis d'excellents manches de couteaux, et, aujourd'hui encore, les chirurgiens dilatent les trajets fistuleux à l'aide de ces mêmes laminaires préalablement séchées et stérilisées. Telles îles de notre littoral, Sein, Molène, Ouessant, Batz, Bréhat, etc., dénudées par la violence des vents, ne seraient pas habitables sans les inépuisables réserves de combustible que leur fournissent les amas d'herbes marines rejetées sur leurs bords : c'est le *putès* ou goémon d'épave que la législation distingue du goémon de rive et du goémon de fond, et dont la récolte est libre en tout temps. Le goémon de rive, au contraire, ne peut être coupé qu'à certaines époques déterminées et sous certaines conditions ; mais aussi sa valeur marchande est bien supérieure à celle du goémon d'épave, et l'agriculture, dans le Cotentin, la Bretagne, la Vendée, la Saintonge, le recherche avec raison comme un amendement de premier ordre et d'un bon marché exceptionnel. Enfin le goémon de fond, dont la récolte n'est permise qu'aux seuls inscrits maritimes [1], séché, incinéré et converti en blocs de soude, prend généralement la direction des usines du littoral, où on l'utilisait autrefois pour la fabrication du verre à vitre et où on le fait servir aujourd'hui à la fabrication de l'iode et de ses dérivés.

Voilà bien des services que rendent les algues marines et qui suffiraient pour leur assurer notre reconnaissance. Or, il s'en faut que toutes les applications des algues soient connues. N'est-ce pas hier seulement (1890) que des industriels de Cherbourg et de l'étranger s'apercevaient que le *chondrus crispus* jouit des mêmes propriétés que le coûteux *agar-agar* de Malaisie et du Japon et peut lui être substitué sans inconvénient dans le traitement du papier et des impressions sur étoffes ainsi que dans la confection des gelées, pâtes, confitures, etc. ? Avisés de la présence du *chondrus* sur les roches de Bretagne, ces industriels s'adressèrent au maire d'une petite commune maritime des Côtes-du-Nord (Trégastel), qui les mit en rapport avec ses administrés. Ceux-ci n'eurent pas plutôt connu le prix qu'on leur offrait (8 et 9 francs des 100 livres) qu'ils s'empressèrent de se porter, aux grandes marées de vives eaux, vers les fonds où croît de préférence le précieux végétal. J'ai vu naître et se développer cette industrie, devenue par la suite exclusivement féminine ; j'ai assisté, sur le Sillon de Talberg, à la coupe des goémons d'amendement ; j'ai erré, avec les pêcheurs de l'Abervrach et du Conquet, sur les « basses » où l'on recueille le goémon de fond riche en principes iodés, et ce sont les tableaux divers de ces grandes fauchaisons marines que je voudrais retracer ici, tels qu'ils se sont fixés dans ma mémoire.

Section I

Les marées d'été sont, par excellence, les marées du *jargot* (sobriquet qu'on donne dans le Tréguier au *chondrus crispus*, appelé aussi *bizin vvenn* ou goémon blanc, lichen, mousse d'Irlande, mousse perlée et chicorée de mer). Le temps est généralement beau à cette époque et permet les longues expéditions dans les îles lointaines, plus riches et moins fréquemment explorées que le littoral. De Trélévern à Trébeurden [2], toutes les barques de pêche et jusqu'aux petits caboteurs sont nolisés pour la circonstance ; les passagers, — de sexe féminin pour la plupart, — s'y entassent comme ils peuvent avec leurs provisions, leurs sacs, leurs faucilles et leurs marmites ; le prix de la traversée, aller et retour, est de 30 centimes par passager. Les barques sont bientôt pleines à couler bas. On borde un bout de toile et, le jusant et le vent d'amont aidant, on est en une heure et demie ou deux à l'Île aux Moines, quartier général des jargoteurs.

Nous avions arrêté nos places, — le lieutenant de vaisseau Robert, le peintre Hamonic et moi, — sur un de ces « passeurs » occasionnels, petit homardier de Ploumanach, nommé le *Saint-Guirec*. Il était six heures du matin. Toute la flottille de pêche, mouillée le long des cales, s'apprêtait pour l'appareillage. Le soleil, déjà haut, incendiait la mer. Une douzaine de femmes et de jeunes filles avaient pris place en même temps que nous sur le *Saint-Guirec*. En comptant l'équipage, cela faisait un total de dix-huit personnes entassées dans une barque où l'on pouvait raisonnablement tenir sept. Le patron Jégou n'en retardait pas moins le signal du départ.

— Qu'est-ce que vous attendez ?

— Mais la « bordée » n'est pas au complet ! Il y a encore Mône Lhévéder et ses mioches qui ne sont pas arrivés… La vieille doit être dans quelque débit, en train de mettre le saint-sacrement en bouteille, comme elle dit… Bon ! voici toujours les mioches…

Les voici en effet. Mais le « saint-sacrement ? » Une de mes voisines, belle fille de seize ans aux cheveux roux et aux yeux glauques d'Océanide, m'explique complaisamment le mystère : le « saint-sacrement, » c'est l'eau-de-vie de la bordée, l'eau-de-vie chatoyante et dorée comme un ostensoir, viatique des longues expéditions, soulas des membrures défaillantes… La station de Mône s'éternise. Personne ne proteste, en raison de la solennité de l'opération. Les « mioches, » eux, ont déjà enjambé le bordage. Hamonic, peu marin, s'effraie de ce surcroît de passagers. Robert et moi, pour prendre patience, nous regardons le paysage, un des plus extraordinaires de la côte bretonne, encore que les villas des « baigneurs » lui aient bien fait perdre de sa sauvagerie.

Elles pointent un peu partout entre les roches, ces villas odieuses, chalets suisses, cottages anglo-saxons, manoirs néo-gothiques, épaves de la grande foire parisienne de 1900, échouées dans ce décor de la période tertiaire. Où est le temps où l'on vivait ici entre pêcheurs ? Qui n'a pas vu dans leur virginité primitive Ploumanach et La Clarté ne peut se faire une idée de la farouche beauté, du prestigieux et formidable enchantement qui émanaient de ce promontoire de la mer bretonne : pas d'arbres ; un sol raclé par les vents du large et où frissonnait un maigre tapis de bruyères décolorées ; sur la crête du plateau, cinq ou six chaumes caducs processionnant autour du svelte clocher en granit rose bâti par le seigneur de Barach ; à pied de côte, bordant un fiord marécageux où la digue d'un vieux moulin seigneurial retenait le flot marin, une vingtaine d'autres chaumes décrépits, rongés de lichen et de vétusté, et dont quelques-uns ne recevaient de jour que par le vantail supérieur de leur huis ; çà et là une chapelle, une croix monolithe, un oratoire, frustes monuments de la période cénobitique, à ce point corrodés par l'embrun qu'on n'en distinguait plus le style. Et partout, sur les grèves, dans les îles, en plein champ, tombées du ciel comme des aérolithes ou vomies des profondeurs du sol comme les sciarres des cratères siciliens, des centaines et des milliers de roches de toute forme et de toute dimension, tantôt isolées, tantôt en caravane, tantôt pyramidant à cent pieds au-dessus du niveau des hautes mers, tantôt ruées les unes sur les autres et balayées par un vent de panique dans les déhiscences du littoral. Tel de ces blocs, gigantesque champignon de granit, couvre de son ombre jusqu'à trois acres de terrain. Il en est qu'on dirait taillés par un ciseau de Titan : quel Michel-Ange du temps des cavernes dégrossit ce dromadaire accroupi ? Quel Cellini de l'âge paléolithique cisela cette amphore monstrueuse, dressa sur l'horizon cette cathèdre démesurée ? L'esprit se perd en conjectures sur l'origine et le sens de ce mobilier d'Apocalypse. Il se résout mal à y voir une œuvre de l'Inconscient. La légende ne parle-t-elle pas d'une ville colossale qui s'élevait à cet endroit et qui s'appelait Manathias ? Si la légende avait raison ! Si tous ces blocs épars sur une zone de deux lieues n'étaient pas des pierres sans histoire ! S'ils se révélaient à nous comme les témoins d'un passé prodigieux, comme les pilastres et les arceaux efTondrés de quelque Babel de la mer cimmérienne !...

La bonne femme Lhévéder, qui reparaît sur le seuil du débit, un litre de « saint-sacrement » sous chaque bras, nous arrache à ces considérations transcendantales. On la hisse à bord et on lâche les amarres ; le taille-vent : et la misaine, vite étarqués, s'enflent mollement à la brise qui nous pousse hors de l'étroit goulet. Meur-Ruz franchi, nous piquons droit sur l'Île aux Moines. C'est la plus importante des Sept-Îles : là sont le phare, le fort et les anciennes casernes. Mais d'où vient ce nom : l'Île aux Moines ? Ploumanach lui-même veut dire en breton : « la peuplade du moine. » Des substructions, près de Crec'h-Caouët, témoigneraient encore de l'existence d'un ancien moutier. Mais, de substructions pareilles, il ne se voit aucun vestige à l'Île aux Moines. Le nom breton de l'île, d'ailleurs, est très différent de son nom français : *ar Gentilès*.

— Peut-être, insinue l'un de nos bateliers, René Le Merrer, dit Pot-Coz, ce nom lui a-t-il été donné à l'époque de la grande Révolution.

J'ai connu un vieux Ploumanacain, Noël Le Goff, qui se souvenait d'y avoir transporté des moines réfractaires en 93 : ils gagnaient de là Jersey sur des bateaux anglais.

L'explication est ingénieuse et je m'y rallierais volontiers ; mais elle n'est pas du goût de la vieille Lhévéder, qui, terrienne et Trégastelloise, nourrit contre les Ploumanacains une haine proprement féroce,

— Tais-toi donc avec tes moines, Pot-Coz ! s'écrie-t-elle brutalement. Comme si l'on ne savait pas au juste ce que toi et les tiens vous faites des gens qui vous confient leur existence !

— Par exemple ! proteste Pot-Coz.

— Oui, oui ! Est-ce que tu as oublié le *gvverz* du capitaine La Ghesnaie, d'aventure ? Veux-tu que je te le chante pour te rafraîchir la mémoire ?

— C'est ça ! c'est ça ! disent les filles en battant des mains. Le *gvverz* du capitaine La Ghesnaie, Mône !

— Alors, mes princesses, passez-moi la bouteille, car j'ai la voix un peu rouillée ce matin…

— Oh ! la rouée commère ! disent les hommes en riant. Ne bois pas tout du moins, Mône !

— N'ayez pas peur, réplique la vieille, qui, après avoir aspiré au goulot une longue lampée de la sauvage liqueur et s'être essuyé la bouche du revers de la main, se tourne vers son auditoire et commence sur un ton nasillard :

« M. La Ghesnaie disait — en errant sur la Gentilès : — « Je vais tracer sur un bout de planche — mon nom et ma croix d'extrême-onction (?). — Du côté de Perros si l'épave est trouvée, — des messes seront dites à mon intention. » — Du côté de Perros l'épave ne fut pas trouvée ; — c'est du côté de Ploumanach qu'elle aborda. — Les Ploumanacains ne l'eurent pas plutôt aperçue — qu'ils mirent à la voile vers la Gentilès. — Le capitaine La Ghesnaie « bonjourait » — les Ploumanacains sur son île : — « Vous n'avez qu'à me mener à Ploumanach, — je vous donnerai la moitié d'un plein sac d'argent. » — De cette moitié d'un sac d'argent — les Ploumanacains ne furent pas satisfaits : — sur la Grande-Basse une fois arrivés, — la tête la première ils ont jeté le capitaine à l'eau. — « Faites mes adieux à ma femme, Ploumanacains. — Heureux qui retournez chez vous ! Moi je ne reverrai pas ma maison. » — Mme La Chesnaie « bonjourait » — les Ploumanacains en arrivant : — « Aux Sept-Îles quand vous êtes allés, — n'avez-vous pas rencontré mon mari ? » — « Nous n'avons pas rencontré votre mari — ni personne qui lui ressemblât. » — Mme La Chesnaie, à ces paroles, — trois fois sur la terre s'affaissa. — Les Ploumanacains la relevèrent… »

Mène Lhévéder s'est arrêtée. Nous attendons la suite de la complainte, mais il n'y a pas de suite.

— C'est fini, dit simplement Mône.

— Comment, fini ? Et que devint Mme La Chesnaie ? Que fit-on des Ploumanacains qui avaient noyé son mari ?

— Ma foi, je n'en sais rien, avoue Mône. Je vous chante le *gvverz* comme je l'ai entendu chanter à ma mère, qui disait que tous les Ploumanacains étaient des sans-cœur et des forbans. Après cela, si vous voulez croire qu'ils ont sauvé des moines pendant la grande Révolution, je ne vous en empêche pas…

— Et moi, je te dis qu'ils en ont sauvé plus de cinquante, riposte notre batelier, et que c'est depuis ce temps que la Gentilès s'appelle l'île aux Moines !

Le débat reste ouvert, même après cette tranchante affirmation, appuyée d'un magistral coup de poing sur le bordage du *Saint-Guirec* : il n'est point particulier, d'ailleurs, à Pot-Coz et à la vieille Lhévéder, et des savants se sont pris aux cheveux à propos des Sept-Îles et de leur « toponomastique. » On ne s'accorde même pas sur leur nombre ; le chiffre 7, qui joue un si grand rôle dans la mythologie des peuples indo-européens, n'est peut-être là qu'un chiffre symbolique. Du large comme de la côte, on ne distingue réellement que cinq îles : l'Île aux Moines, Bono, Melban, Rouzic et l'Île-Plate. Les trois premières surtout ont fière apparence. La carte lithologique de M. Delesse emprunte leur tracé pour la reconstitution de la grande barricade granitique qui soudait jadis la péninsule bretonne au Cornwall, et tout fait penser en effet que leurs mornes pelés sont les « témoins » d'un continent disparu, d'une terre morte, engloutie par quelque cataclysme ou lentement érodée, désagrégée par le sourd travail des eaux. Accroupies sur la mer, qu'elles surplombent d'une hauteur moyenne de 35 mètres, elles tendent toutes les trois dans la même direction leurs puissants mufles de pierre, allongent en croissant, de l'Est à l'Ouest, leur triple échine de monstres marins. Une coupure, protégée par une petite jetée, s'ouvre au droit de l'Île aux Moines : c'est le Porz-Nevez (le Port-Neuf) où nous ont précédés déjà nombre de chaloupes et de gabarres. La marée, qui « déchale, » les incline sur le flanc comme des bêtes à bout de souffle ; quelques-unes, allégées de leurs passagers, ont repris le large où elles vont tendre des lignes, mouiller des casiers. Dans les autres ports de l'archipel, au Porz-Coz et au Porz-Don, à l'ouest de l'Île Plate, l'animation n'est pas moins grande qu'à l'Île aux Moines. Là sont mouillées les gabarres de Trélévern et du Trévoux.

— Nous sommes en retard, disent les femmes. C'est de ta faute, Môné Lhéveder !

— Bon ! réplique la vieille, toujours prompte à la riposte. La grève est vaste et il y aura du jargot pour tout le monde.

— Du jargot peut-être, mais des places dans les casernes ?

— On couchera à la belle étoile.

— Ouais ! Et s'il pleut ?

— Ça nous changera de l'eau salée…

Elles sautent à terre tout en se chamaillant, leurs sacs vides tordus autour des hanches ou passés en bandoulière sur l'épaule et, tout de suite troussées, se répandent sur les grèves découvertes par le reflux. Les enfants se hâtent vers les casernes avec les provisions de la « bordée, » un peu de lard, des « patates, » une marmite. Personnellement, après avoir donné nos instructions pour le déjeuner au père Leroy, un vétéran de l'administration des phares, qui met volontiers ses talents culinaires au service des « étrangers, » nous prenons la direction de l'ancien fort, vaste trapèze de granit dont la terrasse supérieure commande vingt lieues d'horizon par temps clair. Presque tout l'archipel est à sec. Sous leur fourrure d'herbes rousses, l'Île aux Moines, Bono, le Cerf, la Plate, les Costan, comme à l'appel d'un berger invisible, se sont rassemblés des quatre coins du vent et ne font plus qu'une houle de toisons. Seuls, Melban et Rouzic, séparés par une fosse très profonde, restent à l'écart du troupeau. La mer continue à descendre, suivie dans son retrait par l'armée des jargoteuses. Les plus jeunes sont aussi les plus hardies : pieds nus, les reins souples, la chemise de grosse toile tendue par l'effort sur la rondeur des seins, elles plongent dans l'écume, soulèvent roches et cailloux, se glissent à plat ventre dans les failles sinueuses que les marées d'équinoxe évident au flanc des falaises et des caps. Le jargot est une plante de haut-fond. La récolte ne s'en peut faire qu'aux basses marées de vives eaux, et la plus abondante dans le bref intervalle qui sépare le flux du reflux. Il n'y faut pas être manchot, comme dit la vieille Lhévéder. Malgré tout, les sacs ne tardent pas à s'emplir. Trop lourds pour l'épaule, on les dépose sur quelque roche tandis qu'on inspecte de nouvelles flaques, qu'on tâte les moindres creux, puis on les porte un peu plus loin pour visiter un autre terrain de pêche.

Il n'est pas toujours facile à découvrir, ce petit végétal étudié pour la première fois par Stackhouse, d'un pourpre livide dans les formes étroites, violacé dans les échantillons plus larges et dont les frondes en éventail s'accrochent par une tige élastique et résistante aux aspérités du granit… Le soleil est au milieu de sa course ; la mer va remonter ; nous descendons de notre observatoire pour rejoindre le père Leroy qui nous fait signe, là-bas, avec sa serviette, que le déjeuner est servi. En route, notre chien lève quelques lapins à fourrure sombre, presque noire, et d'énormes rats qui détalent entre des roches étranges, taillées en forme de dalles funéraires… Et ce sont des dalles, à bien examiner.

L'une d'elles porte même une inscription. Sans le savoir, nous étions dans un cimetière. Le sol, à certains endroits, est comme soulevé par de petites vagues. Tertres légers, qui furent des tombes de soldats ! Plus rien, pas un calvaire, pas une croix, pas même un talus pour séparer ce champ des morts de la terre des vivants. Herbes folles, ronces, fougères, grands chardons couleur de rouille grinçant dans les rafales d'Ouest avec un bruit de ferraille, la marée végétale a tout recouvert. Il ne faut pas moins que l'excellent déjeuner préparé par notre cambusier extraordinaire et servi dans l'ancienne poudrière du Guerlen pour dissiper l'impression de mélancolie qui nous est restée du Campo-Santo de l'Île aux Moines. Sur le terre-plein en demi-lune qui règne devant la poudrière, on a planté du sureau, des troènes, des fusains, doux ou trois peupliers de Hongrie qui ne se décident pas à bourgeonner. Les journées comme celle-ci sont rares où la mer bretonne fait toilette, bleue vers le large et, dans la coulée solaire, toute pailletée de vif-argent, verte sur le sable des criques les plus voisines, violette sur les fonds de roches ou voilée de ces belles algues rousses qu'on appelle *morgoré* et qui oscillent sous le flot comme une chevelure sous le peigne… Chassée par le flux, l'armée des jargoteuses commence à battre en retraite vers les îles. Il est deux heures : les hanches saillent ; les échines ploient sous les larges sacs gonflés à crever. Plus d'une fille pousse un *ouf !* de soulagement en se débarrassant de sa charge sur la grève, au pied des casernes, trois grands bâtiments en pierre de taille dont les toitures s'effondrent et qui n'ont plus de locataires depuis le départ des Lasbleiz, les derniers fermiers de l'île. Leurs vastes corps de garde serviront cette nuit de dortoir à la population féminine du littoral. On y a déposé les provisions. Un puits, d'une simplicité toute biblique, le seul de l'île, autour de sa margelle descellée groupe déjà dans la cour une douzaine de Rébeccas armoricaines. Des gamins pèlent des pommes de terre ; d'autres assemblent sous les chaudrons des tas de fougères et de charbons séchés ou dépiotent furtivement quelque conin à fourrure sombre, happé au saut du gîte. Les foyers s'allument un peu partout en plein vent ; trois galets font l'office de trépied. Chaque « bordée » s'attable par terre autour de sa marmite et, le déjeuner expédié, regagne la grève pour procéder au triage de la récolte. Les sacs sont vidés sur les galets : on prend les touffes de jargot une à une ; on les débarrasse des cailloux et des fragmens de roches désagrégées qui pendent quelquefois à leurs crampons ; on les passe à l'eau douce et on les étale sur les galets, au soleil, jusqu'à la fin de la marée ; on les rentre alors dans leurs sacs et, de retour sur le continent, on les étale encore sur quelque dune solitaire où elles se raidiront et prendront peu à peu une belle teinte neigeuse. Il faut de sept à huit jours et deux ou trois lavages en eau douce pour que le jargot soit marchand. Les entrepositaires de la région, qui le payaient d'abord à raison de 8 francs les cinquante kilos, en donnent aujourd'hui près du double. Grande ressource pour les populations du littoral ! Et il est vrai que la récolte ne peut s'en faire qu'aux marées d'été ; qu'elle est longue, pénible ; qu'une pluie trop abondante peut gâter les lots ; que les entrepositaires, quelquefois, refusent d'en prendre livraison. Le triage lui-même n'est pas une opération si aisée : les mains s'y engourdissent à la longue ; les dos achèvent de se courbaturer.

Quand toute la récolte est étendue sur les galets, le soleil a déjà quitté Thorizon. Ce serait le moment de goûter un repos bien gagné. Mais les hommes sont rentrés de la pêche : l'instinct du plaisir l'emporte sur la fatigue ; les jambes retrouvent soudain leur élasticité pour suivre le branle du ballet qui s'est improvisé dans la cour des casernes. Nul besoin de ménétrier ; Mône Lhévéder est là.

Holla ! eme ar verc'h hénan,
Me ha da gauséel hréman.
Rigodon, jargonette !
Rigodon, jargoton !

Pa mo gvverzet ma bizinn vvenn,
A mo eur roben doublichenn.
Rigodon, etc.

Hag eun davanjer' casimir
A dapo hete penn ma c'hlin.
Rigodon, etc.

Enn traon a vo eunn dentelen,
War he godell eur hokarden,
Rigodon, etc.[3].

Il y a ainsi une bonne soixantaine de couplets : la vieille jargoteuse est le plus fidèle et le plus inépuisable des phonographes, capable de dérouler pendant des séances entières, sans un accroc, les airs enregistrés dans sa mémoire ; mais c'est un phonographe qui ne « fonctionne » qu'à condition qu'on l'arrose... Et, la nuit venue, — une nuit d'août miraculeusement bleue, chaude et veloutée comme une nuit des Tropiques, — sous la lune qui diamante la mer et découpe de grands carrés d'argent dans les mornes de Bono, passe-pieds et gavottes renouent leurs chaînes onduleuses autour des casernes et du fort. Un je ne sais quoi d'amollissant comme une caresse alizée, peut-être quelque brise perdue du paradis des Antilles, a passé sur la Gentilès. Tout l'archipel embaume. Vers dix heures, les danses s'arrêtent ; mais des chœurs féminins, çà et là, s'éveillent dans l'ombre bleue et, longtemps encore, sur la dune, dans les creux odorants des falaises, les belles filles sveltes s'attarderont, alanguies par cette nuit voluptueuse. Courte trêve dans le labeur exténuant de la récolte ! La fraîcheur salée du petit jour dissipera toute cette sensualité flottante dans l'atmosphère nocturne de l'archipel, soufflera sur le bistre des paupières, fouettera de ses salubres effluves ces sangs lourds d'insomnie et, — le cotillon troussé, les jarrets nus, la faucille au poing, — éparpillera de nouveau sur les grèves la sauvage théorie des druidesses de la mer bretonne :

Kerkoulz a pado ar jargot,
Ni efomp d'ho guntuill d'ann aod.
Rigodon, jargonette,
Rigodon, jargoton[4].

Section II

On vient d'afficher à la porte des mairies, dans les communes riveraines de l'Océan et de la Manche, les arrêtés relatifs à la coupe du goémon de rive.

Ces arrêtés étaient impatiemment attendus. La Bretagne est une création de la mer. Granitiques ou paléozoïques, ses roches contiennent fort peu de calcaire. Si la Manche et l'Océan n'étaient là pour renouveler les énergies du sol, rien n'y pousserait : cette longue zone littorale, grasse et verdoyante, qui fait le tour de la péninsule et qui porte le joli nom de « ceinture dorée, » ne serait qu'un morne ruban de dunes grises ; l'*hinterland* breton, si pauvre, si déshérité jadis, presque tout entier sous bois ou pâtis, ne doit lui-même sa surprenante transformation qu'aux facilités récentes qui lui ont été données de se procurer l'engrais marin sous toutes ses formes, tangue, *maërl*, falun, sable coquillier des dunes, — et le meilleur de tous, le plus riche en carbonates de chaux et de magnésie, le goémon.

Telle est l'importance de ce dernier engrais pour l'amendement des terres qu'il a dû préoccuper de bonne heure les pouvoirs publics. Le président Habasque cite un manuscrit de 1618 conservé aux archives de la préfecture des Côtes-du-Nord et intitulé : *Usance de cueillir le gouëmon*. Chacune de nos provinces maritimes avait de ces usances, et c'est d'elles vraisemblablement que sortit l'ordonnance royale d'août 1681, dont les dispositions essentielles sont encore en vigueur aujourd'hui.

Cette ordonnance réservait le droit de coupe de « l'herbe appelée varech ou vraicq, sar ou gouësmon, » aux habitants des « paroisses situées sur les côtes de la mer » à l'exclusion de tous autres ; elle fixait au premier dimanche de janvier, « à l'issue de la messe paroissiale, » l'assemblée annuelle desdits habitants, convoqués par la voie des syndics, marguilliers ou trésoriers de la paroisse, en vue de « régler les jours auxquels *devrait* commencer et finir la coupe ; » elle interdisait de procéder à cette coupe « de nuit et hors les temps réglés par la délibération de la communauté, » ainsi que de cueillir les « vraicqs... ailleurs que dans l'étendue des côtes de la paroisse ; » elle permettait néanmoins « à toutes personnes de prendre indifféremment, en tout temps et en tous lieux, les vraicqs jetés par le flot sur les grèves et de les transporter où bon leur semblerait. »

Sous couleur de protéger le frai du poisson et la santé publique, la déclaration du 30 mai 1731 faillit bien, un moment, il est vrai, bouleverser de fond en comble la jurisprudence établie par cette sage ordonnance : interdite sur la plus grande partie du littoral, la coupe du goémon n'était plus autorisée sur certaines côtes que pendant l'été ; il n'était loisible de la pratiquer qu'avec un couteau ou une faucille, pour ne pas « déraciner » les herbes ; ces herbes elles-mêmes, là où on en fabriquait de la soude, ne pouvaient être brûlées que « dans le temps où le vent portait du côté de la mer, » parce que leur fumée était réputée malsaine à toutes les espèces de grains et de fruits et qu'il « s'était répandu qu'elle causait des maladies épidémiques. » Singuliers arguments, et auxquels on ne peut s'empêcher de trouver comme un parfum de moyen âge [5] ! Aussi bien, les conséquences de la funeste déclaration de 1731 ne tardèrent pas à se faire sentir. Une déclaration postérieure, en date du 30 octobre 1772, s'en explique avec beaucoup de netteté : ce n'était pas l'agriculture seulement qui avait souffert de la privation des engrais marins ; les « grosses verreries » de Normandie, dont l'étranger était tributaire à cette époque, faute d' « une matière première étroitement nécessaire à la fabrication des verres à vitre, » avaient dû fermer leurs portes. La plainte était générale ; les parlements des provinces élevaient la voix. L'État s'émut à la fin et chargea d'une enquête trois membres de l'Académie des sciences : Tillet, Guétard et Fougeroux, lesquels conclurent à l'inanité de la plupart des accusations qu'on faisait peser sur les goémoneurs et fabricants de soude. En raison de quoi, le département de la Marine décidait de rapporter la déclaration de 1731 et de rétablir la jurisprudence dans son premier état ou à peu près.

La Révolution elle-même respecta cette jurisprudence [6], dont la loi du 9 janvier 1852, les décrets du 4 juillet 1853 et du 8 février 1868 ne firent qu'amender légèrement les dispositions. Jusqu'en 1868 néanmoins, et par tolérance, le droit d'employer à la récolte « des individus étrangers à la commune » était laissé aux propriétaires riverains, à l'exception des non-domiciliés. Cette disposition prêtant à équivoque, un décret complémentaire fut rendu, en date du 31 mars 1873, qui spécifiait que les non-domiciliés ne pourraient plus employer à la récolte que des habitants de la commune. On croyait la question réglée. Mais, à la faveur de l'article 2 de la nouvelle loi, « un nombre considérable d'étrangers aux communes riveraines y achetèrent, pour se constituer un droit à la récolte, des parcelles insignifiantes, souvent incultes et n'ayant même pas toujours de limites déterminées. Certains contrats de vente furent même passés au nom de plusieurs acquéreurs, de façon à conférer à chacun des propriétaires indivis le droit à la récolte. » {Circulaire du 15 fév. 1890.) Pour mettre un terme à ces abus, le ministre de la Marine demanda et obtint l'abrogation de l'article 2 du décret du 8 février 1808 et des dispositions du décret du 31 mars 1873 : à dater du 28 janvier 1890, les propriétaires non domiciliés admis à la récolte du goémon durent justifier de la possession d'une étendue de terres cultivées d'au moins 15 ares et exploitées par eux ; ceux de ces propriétaires qui ne se trouvaient pas dans les conditions requises par la loi ne furent plus admis au bénéfice de cette récolte qu'à titre viager.

Charles Le Goffic

Par le nombre et la minutie de ces dispositions législatives, comme aussi par la jalouse sollicitude des intéressés et leur constance séculaire à ne point laisser prescrire les droits qu'ils tiennent de l'usage, on peut prendre une idée de l'importance que présente la récolte du goémon pour nos populations maritimes. C'est de février à mars qu'a lieu généralement cette récolte, dont on n'évalue pas le produit total, pour le seul goémon de rive, à moins de 5 millions de francs. Dès que la date de l'ouverture en est connue, tout le monde s'apprête dans la commune. Hommes, femmes, enfants, c'est une mobilisation universelle, dont le spectacle ne manque nulle part d'intérêt, mais qui revêt plus particulièrement sur le Sillon de Talberg, à l'extrémité de l'« armor » de Pleubian, un caractère de savoureuse étrangeté.

Le Sillon de Talberg est une mince et sinueuse chaussée de cinq kilomètres de long, qui déroule ses anneaux entre l'embouchure du Trieux et l'embouchure du Jaudy. La mer le bat à gauche, à droite, le franchit de ses embruns et quelquefois même de ses vagues : un solide colmatage de fucus et de tangue maintient en tout temps le Sillon à 5 ou 6 mètres au-dessus du plein. Aussi bien la fonction de la mer, ici, semble-t-elle plutôt de protéger que de détruire. C'est la mer qui fournit et pétrit ce mortier résistant que le râteau des pauvres a beau racler matin et soir pour en composer ces énormes meules de goémon d'épave rangées en file parallèle sur la crête du Sillon et dont la vente, il y a peu de temps encore, était l'objet d'une grande foire annuelle : le flot, aux deux côtés de la chaussée, en une marée refait ce que le râteau a défait ; on calcule qu'il jette bon an mal an sur les banquettes de ce grand talus maritime plusieurs millions de kilogrammes de fucus, de laminaires et de zostères arrachés par les sourdes convulsions des profondeurs. Et, sans doute, à rouler de vague en vague, à séjourner quelquefois des années entières dans les failles des vallées sous-marines, ces goémons d'épave ont bien perdu de leur tonicité. La législation les néglige, en autorise la récolte en tout temps, comme d'un amendement de troisième ordre et presque sans valeur. Grouillans de vermine, à demi enfouis sous la tangue et les galets, décomposés, malodorans, méconnaissables, ils ne sauraient rivaliser en tout cas avec ces beaux goémons de rive qui sont encore dans toute leur sève en février. Nulle flore au monde n'atteignit à la splendeur de celle-ci, n'offrit comme elle des végétaux entièrement d'or, de pourpre ou d'émeraude. Féerie inattendue, où les corallines, d'un blanc de neige, introduisent le contraste d'une végétation d'hiver, où les frondes énormes des « ribères » et des « flèches, » longues quelquefois de 30 mètres, alternent avec les minuscules capillaires de la *naccaria Vigghii*, fines et palpitantes comme des cils ! Houppes vertes des *bryopsis* et des *cladophora*, rondes lanières des himanthalies, grappes onctueuses du *platycarpus*, ce raisin des eaux, éventail violet du jargot, queues ocellées de la *pavonia*, stipes rigides, pareils à des hampes, de la *laminaria Cloustoni*, larges rubans tuyautés de la saccharine, petits disques argentés de l'acétabule, etc., etc., pour nos seules côtes de la Manche et de l'Atlantique, quelle diversité et quelle bigarrure ! Dès 1849, Kutzing, dans ses *Tabulæ phycologicæ*, n'avait pas nommé et classé moins de 4 407 variétés d'algues. Et il s'en faut bien, — on le pense assez, — que toutes ces variétés se soient donné rendez-vous autour du Talberg : encore est-il que, sur aucun point du littoral, les grèves, aux basses marées de vives eaux, ne découvrent une végétation marine plus luxuriante et plus multiforme. Et il est vrai que nulle part non plus les grèves n'assèchent aussi loin et pendant si longtemps. Cette double particularité et la situation privilégiée du Sillon, au confluent des deux principaux fleuves de la région trégorroise, expliquent que la récolte du goémon de rive attire chaque année sur les grèves du Talberg une énorme affluence de population. On y vient de Pleubian, de Lanmodez, de Kerbors, de Pommelin, de plus loin encore. Les annalistes locaux (Habasque, Jollivet, etc.) ont souvent décrit cette récolte pittoresque, — *ar berz*, comme l'appellent les indigènes. Leurs descriptions ont un peu vieilli évidemment et manqueraient aujourd'hui d'exactitude. Les mœurs ont changé ; bien des usages ont disparu ; je ne vois point, par exemple, qu'on ait maintenu la touchante coutume du *deiz ar beourien* par laquelle le premier jour de la coupe était réservé aux nécessiteux de chaque paroisse. La civilisation, sous la forme du chemin de fer, n'a pourtant pas pénétré encore jusqu'au Sillon de Talberg, Mais le plus désagréable, c'est que, si l'on veut assister aux préliminaires de la coupe, il faut passer la nuit à Pleubian. Or Pleubian, petit bourg breton que recommande sa belle chaire extérieure du xvɪ{e}} siècle, pèche un peu par le confortable de ses hôtels. Le temps, par surcroît, durant le séjour que j'y fis, manquait complètement de gaieté ; une neige légère était tombée la veille. Il bruinait encore, et notre carriole, sur la route montueuse, dérangeait des troupes de vanneaux qui, comme engourdis, ne se levaient qu'au coup de fouet du postillon.

Cinq ou six kilomètres séparent Pleubian du Sillon de Talberg. La traite eût été bientôt remplie, s'il n'avait fallu louvoyer, tout le long du chemin, entre de grosses charrettes attelées de plusieurs chevaux qu'escortait la foule des goémoneurs. Peu de communes bretonnes sont aussi peuplées que cette « grande et riche commune maritime » de Pleubian, comme l'appelait déjà, en 1832, le président Habasque. Presque toutes les fermes y sont couvertes en ardoises, signe d'aisance. Au hameau Saint-Antoine seulement, la végétation s'appauvrit ; l'oppression commence avec l'immensité des grèves basses soudain apparues sur l'horizon.

Les mers qui n'ont pas de marées ne sont jamais tristes. Mais une mélancolie indicible pèsera éternellement sur les longs espaces morts de la côte bretonne ou normande. Leurs sables blancs ou gris, nivelés par le rouleau des vagues, s'étendent à l'infini comme un tapis de cendre ou une poussière d'ossements, et le vent du large n'est pas toujours assez vif pour dissiper les émanations chloro-iodées, l'âcre senteur d'hôpital, qui s'exhalent, par les chauds après-midi d'été, des amas de fucus en décomposition sur leurs bords. Des vols de goélands et de mouettes tourbillonnent avec des cris aigres au-dessus de ces charniers marins, que le flot abandonne et recouvre deux fois par jour, comme un félin qui joue avec sa proie, la déchire, la quitte, la reprend, et lui arrache entre temps quelque nouveau quartier. La trace de ses ravages n'est pas encore effacée partout : sur les grèves de Pleubian, aux lendemains de tempête, d'énormes racines affleurent parfois, débris de forêts submergées, durs et noirs comme l'ébène et pareils à ces « bourbans, canaillons et collerons » qu'on exploitait jadis dans les sables de Saint-Malo ; des pans de quais, des vestiges de chaussées surgissent entre les roches, reconnaissables aux cercles d'oxyde laissés par les organeaux sur leurs dalles. Le Sillon de Talberg, sur ce champ de carnage, avec la blanche colonne du phare des Héaux plantée à son extrémité, fait songer lui-même à une gigantesque épave, carcasse de continent échouée sur la grève ou mieux épine dorsale d'un fabuleux kraken, dont la tête, tout là-bas, se redresserait d'un élan vertical et darderait encore sur le large son grand œil noctiluque.

C'est toute la vie de cette Thébaïde marine, cet œil démesuré, flamboyant, des Héaux, qui ne déclôt sa paupière qu'aux premières ombres et la referme au petit jour. Nulle trace d'habitation sur le Talberg, sauf dans un recoin de la grève, au Kébo, où un pêcheur avisé, Plusquellec, dit Beuz, avec des galets et quelques planches goudronnées, s'est fabriqué un réduit de deux pièces et y a ouvert une cantine fréquentée par les fermiers de l'intérieur qui viennent charger du goémon. La bicoque est à l'entrée du Ster, mince et profonde échancrure qui sépare le Sillon du continent et où il serait téméraire de s'engager avant le complet retrait des eaux. Une longue file de charrettes y stationne, impatientes de forcer le passage. L'attente est d'autant plus pénible que les chaloupes de Lanmodez et de Kerbors ont débarqué depuis longtemps leurs équipes sur le Sillon. La jalousie, l'émulation l'emportent à la fin sur la prudence : un charretier plus hardi, sans attendre que la coupure soit à sec, enveloppe ses limoniers d'un vigoureux coup de fouet et les lance à fond de train dans le chenal. Tous les autres l'imitent. Il en coûte quelques bains, mais pas d'accidents. De temps immémorial d'ailleurs, chaque ferme du littoral, sur le Sillon, possède son lieu de coupe, délimité par l'usage ; c'est l'amour-propre, le désir de faire mieux ou tout aussi bien que le voisin qui aiguillonnent les travailleurs, petits et grands. Nulle main, pendant la semaine du *berz*, ne doit rester oisive. Il y paraît à l'affluence des femmes, des enfants, des vieillards. Sur la crête du Sillon, une silhouette noire se détache, le « recteur » de Pleubian, venu là sans doute pour conjurer par sa présence les disputes et les rixes toujours prêtes à éclater entre riverains jaloux de leurs droits. L'excellent ecclésiastique me détrompe.

— Mais non, me dit-il en souriant, on ne se bat point, et il est même rare qu'on se gourme. S'il se produit des contestations, le *gardienn-aod* [7] intervient entre les parties et met rapidement tout le monde d'accord.

Et me montrant un lougre de 80 tonneaux, l'*Ave-Maria*, gîté sur le flanc de l'autre côté du Sillon :

— On a fait appel à mon ministère pour baptiser ce navire et j'attends les parrains. Voilà tout le secret de ma présence ici.

— Pourtant, monsieur le recteur, on m'avait dit…

— Oui, autrefois, c'est possible. Primitivement, la coupe du goémon de rive ne durait que deux jours. Le personnel des fermes ne suffisait pas à la besogne et il fallait de toute nécessité recourir à des mercenaires étrangers, payés en général de 1 franc à 1 fr. 50, nourriture comprise. Or ces étrangers n'avaient pas toujours le respect du voisin, qu'ils ne connaissaient pas et dont ils ignoraient les droits établis par un long usage. De là des disputes, des batteries. Mais la loi de 1873 a mis bon ordre à tout cela. La durée de la coupe a été prolongée ; seulement chaque ferme doit se contenter de son personnel ; il est défendu de recourir à des étrangers…

— Et c'est pourquoi sans doute l'on a mobilisé aujourd'hui jusqu'aux invalides et aux enfants à la mamelle ?

— Justement… Pendant toute la semaine du *berz*, l'instituteur peut fermer boutique : il n'y a plus un élève à l'école et il n'y en a pas davantage au catéchisme, d'ailleurs…

Tandis que nous causons, le vent s'est levé, un vent de noroît, mêlé d'une pluie glacée qui cingle et qui pénètre : les goémoneurs, dans l'eau jusqu'à mi-corps, quelques-uns jusqu'aux aisselles, n'ont pas l'air de s'en apercevoir. Les faucilles vont leur train, coupant, abattant sans distinction les belles touffes jaunes et rouges, que des civières emportent aussitôt vers les charrettes voisines. Mais toutes les fermes n'ont pas de charrettes. Les plus éloignées, celles de Kerbors, de Port-la-Chaîne, de Lanmodez, ne sauraient se servir d'un mode de locomotion aussi lent : à la charrette on suppléera par le radeau ou « drome. » Longtemps à l'avance, dans ces fermes lointaines, pendant les veillées d'hiver, le chanvre, aux mains des hommes, s'est assoupli et tordu pour former le *kidel*, sorte de filet ou nasse aux grelins résistants. L'appareil, qui, dénoué, ressemble à une étoile, est posé à plat sur la grève. Les civières y sont vidées à mesure ; un homme, chargé spécialement de cet office, y tasse le goémon à coups de plat de bêche et de sabots, l'arrondit, donne à la drome un diamètre convenu qui peut varier entre 3 et 10 mètres. À mi-hauteur, il y introduit une barrique vide ou des croix de madriers pour aider au flottement, La drome terminée, on la « cercle » en rabattant sur sa coupole les grelins du *kidel*. Mais, pour cette dernière opération, le concours de tout le personnel ne sera pas de trop : la drome, si l'on veut qu'elle défie le ressac, les échouages et les coups de vent, ne saurait être trop solidement tassée et arrimée.

— Malgré tout, me dit le recteur, les désastres sont encore fréquents. Il est rare que le *berz* ne soit pas accompagné de quelque perturbation atmosphérique, raz de marée ou coup de vent, que la superstition populaire mettait jadis sur le compte d'une vieille fée des grèves, *Groac'h Kribigniou*, jalouse de faire payer aux goémoneurs les libertés qu'ils prenaient avec son domaine. L'an passé, des dromes de quatre jours, valant 100 francs la pièce, furent ainsi détruites par une bourrasque de nuit,

— Toutes les dromes ne sont donc pas achevées en une marée ?

— Mais non. Les dromes que vous voyez là sont de petites dromes, des *pucéo*, qu'un percheur suffit à manœuvrer avec un peu d'habitude. On les conduira ce soir même ou demain à Port-la-Chaîne, si le vent est bon. Allez un peu plus loin sur le Sillon : vous verrez les grandes dromes de Lanmodez. Celles-là ne sont terminées qu'au bout de cinq ou six jours. On les cale avec de grosses pierres au moment du flux. Les Lanmodéziens « font toute la marée, » suivant l'expression locale, et leurs dromes, qui mesurent quelquefois jusqu'à 10 mètres de diamètre, demandent plusieurs percheurs et l'aide d'une forte chaloupe pour les convoyer. Ah ! le retour sera dur, si la tourmente continue !…

De fait, la pluie et le vent redoublent. Les lointains fuient dans la brume. De temps à autre, le bon recteur porte la main en abat-jour sur ses yeux et interroge l'horizon du côté de l'île Maudez : sur le blanc des grèves, deux minuscules points noirs se discernent enfin, grandissent, approchent.

— Je crois que ce sont mes gens, dit le recteur. Vous permettez ?

Et, s'asseyant sur un tas de galets, il se met bravement à se déchausser pour franchir le petit bras d'eau, peu profond en vérité, mais large de 100 à 200 mètres, qui nous sépare de l'*Ave-Maria*. Après un court moment d'hésitation et la curiosité l'emportant, je demande à mon aimable interlocuteur la permission de l'imiter. Il accède volontiers à ma requête et nous voilà qui, pieds nus, nos galoches à la main, dégringolons de compagnie les pentes du Sillon. Brr ! Elle n'est pas chaude, l'eau de l' « armor » pleubiannaise ! Je ne sens plus mes jambes quand nous arrivons devant la coupée du navire où nous attendent le capitaine et les parrains. On nous jette une échelle pour grimper à bord. Un petit autel, fleuri de guirlandes et de bouquets en papier, a été dressé dans la cale. Le recteur passe son surplis, récite les prières habituelles, consacre le pain, asperge l'avant, l'arrière et les flancs du navire ; puis un des hommes de l'équipage prend quatre petits morceaux du pain bénit, les introduit dans quatre trous percés en forme de croix dans le maître-bau et, dans les quatre trous, enfonce quatre chevilles…

La cérémonie est simple, émouvante. Elle fait une heureuse diversion à la monotonie du spectacle que nous contemplons depuis le matin et que nous allons retrouver au sortir de l'*Ave-Maria*. La fourmilière humaine qui s'agite autour des rochers n'a pas perdu son temps, en dépit du froid qui la mord, du vent qui fait danser les capotes des femmes, des trombes d'eau glacée qui collent sur la peau vareuses et cotillons : les charrettes et les gabarres sont pleines ; les dromes déjà hautes. L'heure du retour approche, d'ailleurs. Des globules blancs qui éclosent sur la mer, un frémissement léger des algues signalent la montée du flux. Vite un dernier coup de faucille et en route ! Cette montée du flux, sur certaines grèves, par marées de syzygie et grand vent, est en effet d'une impétuosité irrésistible. En février 1838, deux cents goémoneurs de Trébeurden furent surpris de la sorte et bloqués toute une nuit par la tempête sur le platier de Molène. Manquant de vivres, leurs bardes ruisselant d'eau, on ne sait comment ils ne périrent pas tous de froid. Et, le lendemain, la tempête, plus violente encore, ne permettait point d'accoster : c'en était fait des naufragés, si le recteur de Trébeurden ne s'était jeté dans une barque pour leur porter des vivres, des couvertures et des vêtemens de rechange[8]. Et, sans doute, la montée du flux, sur les grèves du Talberg, n'a pas l'impétuosité qu'on lui voit sur les grandes prairies de zostères, aux fonds vacillants crevés de brusques trous d'eau, qui rendent si dangereuses les grèves de Trébeurden et de son archipel. Les fonds ici ont quelque fermeté ; l'ossature, sous une mince couche de sable, est granitique et résistante. Encore ne faudrait-il pas trop s'y fier. Prudentes, les charrettes des fermiers riverains se sont ébranlées vers la côte sans plus attendre : traînées par cinq ou six chevaux, les lourdes machines démarrent péniblement, s'embourbent dans les ornières, grincent, cahotent et menacent à tout instant de chavirer. Les fouets claquent ; les jurons pleuvent et les sonnailles, au cou des bêtes, tintinnabulent rageusement. Mais enfin, le Ster franchi, la récolte est sauvée et les propriétaires de ces charrettes peuvent compter parmi les privilégiés du *berz*. Les autres goémoneurs, fermiers éloignés ou petits pêcheurs riverains, sont obligés de recourir aux gabarres et aux dromes. Aux dromes surtout, bien que l'arrêté du 12 prairial an XI, qui n'a pas été aboli, en défende sévèrement l'usage. Mais l'habitude est plus forte que la loi.

— Gomment, disaient des Penvénanais au président Habasque, comment nous serait-il possible de nous procurer assez de bateaux pour enlever les 300 charretées de varech que coupent le premier jour les mille personnes qui, sur nos côtes, se livrent à ce travail ? Nous sommes de temps immémorial dans l'usage de nous servir de traîneaux sans qu'il en soit résulté d'inconvénient grave.

« Tel est leur langage, ajoutait Habasque, et pourtant il résulte d'une dépêche du ministre de la Marine du 31 mai 1827 qu'il est telle année où onze individus ont disparu sous une seule drome. » On a cru pouvoir remédier à ces inconvénients en exigeant que chaque drome soit convoyée par un youyou, une barque quelconque. La précaution n'est pas toujours observée.

— Vous en jugerez vous-même ce soir, si vous allez à Port-la-Chaîne, me dit le recteur de Pleubian. Vous pourrez voir la procession des dromes au crépuscule.

Justement j'ai une lettre de recommandation pour un riche cultivateur de Port-la-Chaîne, M. R..., ancien maire et conseiller d'arrondissement. Midi est déjà loin et je ne puis songer à déjeuner dans la cantine du Kébo où j'ai fait arrêter ma voiture : la baraque est d'une saleté repoussante ; un « innocent, » pelotonné devant le poêle, marmonne des litanies et salive outrageusement en branlant la tête avec un mouvement isochrone de balancier. D'ailleurs, sauf de l'eau-de-vie, on ne trouverait rien céans. J'offre au recteur de le ramener à Pleubian et, par réciprocité, il veut bien m'inviter à « prendre le café » au presbytère. Vers trois heures, la pluie s'arrête un peu ; le ciel se dégage. J'en profite pour demander ma voiture et gagner Port-la-Chaîne. J'arrive chez M. R..., comme il allait sortir sur la grève afin de surveiller l'atterrissage de ses dromes.

— Nous ferons route ensemble, si vous le voulez bien, me dit M. R... Tout mon personnel est sur le Sillon. J'espère que la coupe aura été abondante et que le goémon sera meilleur que l'an passé.

— Il y a donc des années pour le goémon comme pour le vin ?

— Sans doute, et ce n'est pas seulement la quantité, c'est la qualité qui varie d'une année à l'autre. Les cours s'en ressentent. Mais, en somme, il n'y a de différence bien appréciable, au point de vue des prix, qu'entre le *putès* ou goémon d'épave et le *bizin tronchet* ou goémon de rive : tandis qu'une bonne charretée de *bizin tronchet*, pesant dans les 6 000 livres, se vend vert, au moment de la coupe, de 8 à 12 francs, et sec, après la coupe, jusqu'à 40 francs, le *putès* ne dépasse jamais 2 ou 3 francs. On en fabriquait aussi, dans le temps, des « tourtes » de soude qu'on écoulait chez les usiniers de Bréhat et de Pen-Lan. Bréhat n'a plus d'usine. Et, à Pen-Lan, l'usinier, qui travaille pour le compte de la maison Lumière, de Lyon, ne traite plus qu'une variété de hauts-fonds, les laminaires ou *bizin bodré*, qui n'est mûre et marchande que tous les trois ou quatre ans...

La voie charretière que nous suivons pour descendre à la grève traverse de beaux champs bien cultivés, une terre grasse et lourde. Les glèbes sont encore nues, moites de pluie ; mais on y sentie sourd travail de la germination. M. R..., qui devine ma pensée, fait un grand geste circulaire :

— Oui, tout cela, cette « armor » de Pleubian, si riche, où les landes se comptent, tant elles sont rares, doit sa fertilité au goémon. Nous n'existerions pas sans lui. Le blé ne rapporte guère : à 8 francs, 8 fr. 20 les 50 kilos, c'est tout juste s'il rembourse nos dépenses et, du reste, le blé n'aime pas le goémon ou il le lui faut décomposé, après une année passée sous une autre plante. L'orge, au contraire, s'en accommode parfaitement, mais surtout les pommes de terre, les betteraves, les choux, le chanvre, la vigne même, me dit-on. Il suffit de le mêler à un peu de fumier de ferme. Grâce à la température, qui est ici extrêmement douce, nous « faisons, » dès mars, de la pomme de terre *pri* ou hâtive. Dans les bonnes années, nous vendons cette pomme de terre aux Anglais jusqu'à 30 francs les 50 kilos. C'est la richesse du pays. Aussi tout le monde en fait-il peu ou prou. Puis l' « armoricain » est très économe, entreprenant de surcroît. Dès que ses pommes de terre lui ont permis d'économiser un peu d'argent, il prend une part dans un lougre ou une gabarre et s'établit armateur au petit cabotage. C'est le cas de ces gens dont vous avez visité tout à l'heure le navire, avec le recteur de Pleubian…

Nous sommes arrivés sur la grève. La marée est déjà presque étale. Le ciel s'est complètement nettoyé ; le crépuscule, mauve et vert, descend doucement sur l'horizon. Port-la-Chaîne est une anse arrondie, couronnée par le sémaphore de Crec'h-ar-Maout et veillée par deux petits phares qui servent à éclairer la dangereuse entrée de la rivière de Tréguier. En face de nous, l'île Blanche se couvre d'embruns et, tout là-bas, entre les Duonô et la roche Quinial, les premières dromes commencent à s'égrener sur la mer. Quelques-unes, en effet, sont convoyées par de petites barques ; mais la plupart voguent seules, au fil du flux qui les pousse mollement vers la côte. La drome, ronde, cerclée de cordes puissantes, n'émerge que de quelques centimètres, si bien que le percheur qui la manœuvre, arc-bouté sur sa gaffe, a l'air suspendu entre le ciel et l'eau.

— Jeu d'enfant aujourd'hui, ce pilotage de la drome, me dit M. R… Nous avons de la chance ! D'ordinaire, les remous, les courants, le ressac, surtout dans le voisinage du Sillon, dont il faut faire tout le tour, rendent l'opération difficile, périlleuse même ; peu de chose suffit, un coup de vent, la pointe d'un écueil, pour faire brèche dans ces radeaux élémentaires, rompre un grelin, éparpiller toute la drome. On n'a que le temps de se porter au secours des percheurs qui coulent…

Mais l'endurance de ces hommes est incroyable. Tout trempés encore par la pluie et l'embrun, le pantalon retroussé jusqu'aux cuisses, la vareuse de laine brune plaquée sur le corps, ils chantent à tue-tête, s'interpellent d'une drome à l'autre en riant. La nuit tombe ; les phares ont levé leurs stores et sur la mer, au loin, d'autres lumières répondent à leurs lumières.

— Les torches des dromes, m'explique M. R…

Elles approchent, fument, crépitent, éparpillent des gerbes d'étincelles sur l'eau noire. À leurs clartés fuligineuses, les rudes silhouettes des percheurs, semblables à des dieux marins, se découpent fantastiquement... Une brusque secousse : la drome a touché. On jette une amarre aux percheurs, qui l'attachent aux grelins de la drome, sautent sur la grève et halent au sec leur fardeau. Calée avec de grosses pierres, la lourde meule de fucus peut braver désormais les retours offensifs de la vague et du vent : le *berz* est terminé...

J'ai quitté Port-la-Chaîne dans la nuit, et je suis revenu à mon auberge de Pleubian par les petits chemins de traverse, tout sonores du claquement de sabots des goémoneurs attardés. On fait la « réaction » comme on peut, et cette galopade éperdue est encore le meilleur des préventifs contre la menaçante pleurésie. De grands feux luisent partout aux carreaux des fermes. Dans mon auberge même, la cuisine, encombrée de femmes et d'hommes qui arrivent de la coupe, est tout illuminée par les hautes flammes du foyer. Une énorme marmite, pleine d'une succulente soupe au *blonek*, attend les moissonneurs des deux sexes. Déjà les servantes s'empressent, coupent les lèches de pain, garnissent les écuelles ; le cidre, l'eau-de-vie couleront ce soir à pleins brocs. C'est la frairie, la bombance réparatrice des fatigues de la journée. J'en fais compliment à mon hôtesse.

— Ahl cela n'est rien, me dit-elle. Si vous aviez vu les soirs de *berz* avant la loi de 1873 ! De vrais « pardons » d'hiver, monsieur ! On buvait et on dansait jusqu'à l'aube. Il y avait tant de monde ! À Lanmodez, où ma mère tenait une petite ferme de 14 à 15 journaux, elle faisait venir, pour l'aider, quatre-vingts personnes de l'intérieur. Et les dromes d'alors !... Celles que vous avez vues à Port-la-Chaîne sont des amusettes en comparaison. Moi qui vous parle, j'ai compté à Lanmodez jusqu'à vingt percheurs sur une seule drome... Et le retour, la nuit, sous la lune, dans la rivière du Trieux, les dromes qui se suivaient à la file, avec leurs torches de résine toutes brasillantes de flammèches ! Ah ! ces nuits-là, il y avait bien sûr plus d'étoiles sur la mer que dans le ciel !... Et le commerce marchait en conséquence. On a pris le prétexte de quelques batteries et de quelques noyades pour interdire l'engagement des étrangers. C'est toujours la même histoire et vous savez le proverbe : quand on veut tuer son chien...

Mon hôtesse hausse les épaules en manière de conclusion et, sans attendre ma réplique, retourne vers ses pensionnaires qui sont à peu près étanchés. Une joie rit dans tous les yeux... Mais, au milieu de

Charles Le Goffic

la nuit, le vent de mer reprit ses hurlements. Les ardoises du toit crépitaient comme des castagnettes. La brève accalmie de la veille n'était qu'une trêve et, tiré de ma somnolence par ce tapage infernal, je songeais aux malheureux dont les dromes inachevées attendaient sur le Sillon. S'ils allaient perdre encore, comme l'an passé, le fruit de leur labeur exténuant !… Je n'avais que trop raison de craindre. J'appris le lendemain qu'une partie des dromes du Talberg avaient été dispersées par la bourrasque : *Groac'h Kribigniou*, la méchante sorcière des eaux pleubiannaises, s'était vengée une fois de plus de l'atteinte portée à ses droits.

Section III

Les étrangers qui visitent le littoral du Bas-Léon n'aperçoivent pas sans étonnement, par les beaux temps clairs de juillet et d'août, de grandes traînées de fumée jaune épandues sur la côte à la manière d'un brouillard. Tout le paysage est comme passé au soufre. Il n'est pourtant fait mention d'aucune solfatare à cet endroit. Et l'on pourrait croire, malgré tout, à un oubli des géographes, si des jets de flamme, çà et là, perçant l'opaque rideau safrané, ne décelaient sur les hauteurs la présence de centaines de foyers incandescents. De vagues ressouvenirs romantiques, des phrases de Chateaubriand et de Marchangy remontent spontanément à la mémoire : on rêve, malgré soi, de quelque grand holocauste mystérieux ; on se demande quel encens perpétuel font fumer sur ces promontoires de la mer cimmérienne des Aurinias et des Vellédas insoupçonnées.

La réalité est beaucoup moins poétique, et cet encens prétendu risquerait de réjouir médiocrement les narines du dieu Lug, tant il est âcre et pénétrant. Aussi bien n'a-t-il point cette ambition ; étranger à toute préoccupation métaphysique, il s'exhale, comme la première fumée d'usine venue, des fours en plein air creusés pour la fabrication des pains de soude : c'est simplement de la fumée de goémon.

Tout ce pays n'est que dunes : le sable, en marche vers la terre, s'y étend déjà sur une zone neutre et profondément ravinée de près d'un kilomètre de large. Quelques graminées, des fougères, la soldanelle, la chélidoine à fleurs jaunes nommée aussi pavot cornu, une certaine variété d'élyme, s'accommodent seules de cette poussière minérale, dont les myriades et les myriades de grains sont comme l'imperceptible et enveloppante cavalerie légère que l'Océan lance à l'assaut des côtes dont il médite l'annexion. Au pied des dunes, dans les sillons que le vent et les eaux d'hiver creusent entre leurs vagues momifiées, de misérables chaumes se pelotonnent, le dos tourné à la mer, rasés comme des lièvres au gîte, dont ils ont le pelage et l'attitude apeurée : il faut être devant eux pour discerner que ce sont des maisons, tout au contraire des meules de varech alignées sur la crête de la dune et qui rappellent à s'y méprendre les paillottes des villages africains.

Villages éphémères, dont la durée n'excède jamais plus de trois ou quatre mois. Leurs cases rondes et brunes attendent là depuis mai ou juin, peut-être depuis ce matin d'avril où un goémonier de l'Abervrach me prit à son bord pour me déposer en passant sur la terrasse de l'Île-Vierge, au pied du phare gigantesque dont on achevait la construction. Il faisait jour à peine. Des golfes de nacre et d'émeraude s'ouvraient dans les falaises du ciel. Mais, vers l'Est, comme appuyée sur la mer, il y avait une menaçante ligne de nuages noirs immobiles qui ne se décidaient pas à lever l'ancre. Ils bloquaient tout l'horizon. Enfin, de légers flocons gris se détachèrent de la masse : évoluant comme des avisos dans les parties éclairées du ciel, ils semblaient porter les ordres avant l'appareillage de l'escadre. Et celle-ci s'ébranla à son tour, se mit en marche vers l'Occident…

Sous voiles, avec le courant de dérive, nous devions être en une heure à l'Île-Vierge. Toute la flottille de l'Abervrach avait quitté le port en même temps que nous et des criques les plus proches, de Plonguerneau, de la baie des Anges, de Cézon, d'autres bateaux prenaient le large, goémoniers pour la plupart comme le nôtre, reconnaissables à leur gabarit rudimentaire. Au total, il y avait bien céans près de deux cent cinquante de ces frustes embarcations, marcheuses fort médiocres de surcroît, mais très propres, par leur coque plate et l'évasement de leurs bordages, à naviguer entre les roches et à porter de gros fardeaux. Les goémoniers de l'Aber se hasardent rarement en pleine mer, d'ailleurs, même pour mouiller leurs casiers à homards et à langoustes, quand chôme la pêche du goémon… Je les vois déjà autour de Stagadou qui, dans les chenaux, les étroits couloirs de l'archipel, se livrent à leur occupation favorite. Ils sont en partie rassemblés autour de l'Île-Vierge et, de la terrasse du phare, je puis suivre encore à l'œil nu leurs manœuvres peu compliquées : les voiles sont abattues près d'une « basse ; » un des hommes, couché à l'avant, promène sur la basse sa longue gaffe armée d'une faucille. D'un coup sec, la faucille tranche le goémon de fond, laminaires ou himanthalies [9], d'autant plus recherché qu'il donne une « bouillie » excellente. Ses stipes épais, gros souvent comme le poing, sont par bonheur assez mous. Le goémon fauché remonte aussitôt à la surface où des grappins le recueillent. Deux heures de marée, quand les hommes sont prestes et les fonds abondants, suffisent pour charger une barque. Au premier flot, on hisse la voile et on gouverne vers quelque grève voisine où l'équipage dispose d'un petit carré de dune qui lui appartient en propre ou qu'il loue aux fermiers du littoral contre une minime redevance annuelle. Déchargé par les femmes et les enfants à l'aide de grandes civières faites avec des tiges de fer recourbées, le goémon est étendu à plat sur la dune ; il y demeure quelques jours ; puis on l'emmeule, en tas de 1 000 kilogrammes, sur une assise de pierres sèches haute de 35 centimètres environ. Il y achève de s'essorer et, après deux ou trois mois, peut être facilement incinéré.

C'est qu'en effet, à la différence de ce qui se passe sur les autres côtes, le goémon finistérien, — sauf le goémon d'épave utilisé tel quel par les cultivateurs de l'intérieur, — n'est vendu qu'aux usiniers de la région et après avoir été transformé en pains de soude. Il n'est pas rare d'ailleurs que le goémonier soit doublé lui-même d'un petit propriétaire ou d'un fermier, qui ajoute ainsi aux revenus de sa terre le casuel de la récolte du goémon. Stagadou, par exemple, la seule île habitée de l'Aber, est louée à un cultivateur qui paie son fermage avec les pains de soude qu'il fabrique. Tel était aussi le cas d'un autre goémonier du Vourc'h, petit hameau de huit ou dix feux blotti autour de la chapelle Sainte-Marguerite, dans l' « armor » de Porsal, où mon enquête m'avait entraîné un de ces étés derniers. À vrai dire, je n'avais que le choix pour cette enquête : sur toutes les dunes, aux deux côtés de l'Aber, des fours brûlaient, voilaient de leurs lourdes fumées la mer et les îles. Dans les éclaircies de ce brouillard opaque, des ombres se démenaient, apparaissaient, disparaissaient ; des fourches luisaient… Inquiétante fantasmagorie ! Les dunes elles-mêmes n'avaient rien de très rassurant. Là où les foyers n'étaient pas allumés, elles ressemblaient à des cimetières dont on eût violé les fosses, brûlé, dispersé les ossements. Fosses singulières, longues de 8 à dix mètres sur 70 à 80 centimètres de large, dallées en dessous et sur les côtés, et séparées de mètre en mètre, comme pour des squelettes enfantins, par des traverses de pierre brute posées sur champ. Un je ne sais quoi de barbare et de très lointainement rétrospectif, avivé par le voisinage d'une douzaine de meules rondes et trapues, semblables à des huttes de nomades, émanait de ces déconcertants sarcophages. Plus loin, autour d'une haute gaffe à faucille plantée en terre et dont le croissant d'acier prenait sur le ciel une mystérieuse signification, des blocs noirs, rectangulaires, adossés les uns contre les autres, simulaient de grands cairns préhistoriques. On eût dit des blocs de lave, sans les efflorescences violâtres qui les étoilaient, ou encore les dalles funéraires de ces étranges fosses enfantines, d'abord aperçues sur la dune.

Il n'y faut voir, — on l'a deviné, — que des pains de soude en train de refroidir après avoir été retirés de leurs moules. Ces pains pèsent en moyenne 200 kilos. Leur forme, imposée par les usiniers de la région, varie peu d'une commune à l'autre. En quelques endroits pourtant, comme au Gonquet, l'unité de vente est le tonneau, et nous savons qu'à Pleubian, jadis, c'était la tourte. Les pains de soude, d'ailleurs, ne ressemblent que très vaguement à des pains : mais leur préparation rappelle un peu les procédés des boulangers pour ré-partir le levain et brasser la pâte : d'où le nom qui leur a été donné… Notre examen, qui dure depuis quelques minutes, est brusquement interrompu par la rabattée d'un coup de vent qui nous chasse dans la figure toute la fumée d'un four voisin en pleine incandescence. Nous faisons demi-tour pour prendre cette fumée à revers et nous arrivons devant un groupe de soudiers, composé d'un vieillard, d'un garçon et d'une jeune fille. Tous trois sont pieds nus et en corps de chemise. L'enfant n'a qu'un embryon de culotte ; la fille est une grande rousse aux yeux de jais, qui luisent étrangement sous le cintre de sa *chalken*, sorte de capote d'indienne dont les pans retombent comme une pèlerine sur l'épaule ; l'homme est coiffé d'un vieux bonnet phrygien d'où pendent ses mèches grises. Il s'appelle Rouzic. Propriétaire d'un petit « convenant » de quatre hectares, il vit au hameau du Vourc'h sous le même toit que sa femme, ses onze enfanrs, son gendre et la famille d'icelui. Ses quatre hectares de terres, dont un de dunes, lui rapportent 360 francs l'an. Revenu insuffisant, n'était l'appoint du goémon.

— Ah ! ma foi oui, je ne sais ce que nous deviendrions sans lui, confesse le brave homme, après avoir retiré pour me saluer la petite « bouffarde » noire fichée dans un creux de ses dents. Mais voilà, chaque année les prix baissent… J'ai vu qu'on se faisait 1500 francs l'an avec la soude. C'était du temps de l'usine de Granville, qui n'avait pas assez de goémon chez elle et qui en envoyait chercher ici par les caboteurs : Granville nous payait jusqu'à 120 francs les 1 000 kilos de soude ; une année même, en 73, je crois, où la concurrence avait été plus ardente, 126 francs. On brûlait tout à cette époque, goémon de fond, goémon de rive et goémon d'épave ; on faisait quelquefois jusqu'à trois fournées par jour. C'était le bon temps…

Charles Le Goffic

— Et maintenant ? dis-je au brave homme.

— Maintenant il n'y a plus d'usine à Granville et il faut s'estimer heureux quand on a retiré 6 ou 700 francs de toute sa récolte. Juste la moitié de ce qu'on en tirait autrefois !…

Il s'est remis à sa besogne tout en causant. L'enfant et la fille démolissent à coups de râteau une meule de goémon voisine, en chargent une civière et la portent à leur père. Celui-ci prend le goémon à petites poignées, le secoue vivement pour le débarrasser de son sable et des milliers de talitres et de petites mouches qui bruissent sur ses thalles racornis, craquanrs, aux colorations riches encore, malgré la teinte sombre qui commence à les envahir, puis le place en suspension sur le foyer de manière qu'il déborde des deux côtés de 50 centimètres environ. Une fumée âcre, épaisse, tirant sur l'orange, s'échappe de la fosse : le goémon, que l'homme rabat à mesure, s'enfle comme une voûte au-dessus de la coulée incandescente ; l'air circule, fait courant ; sous l'action du calorique, les cendres se liquéfient et s'agglutinent ; mais un malaxage spécial est nécessaire pour leur donner l'homogénéité requise. Je demande à Rouzic s'il compte procéder bientôt à cette dernière opération.

— Oh ! me dit-il, pas avant deux ou trois heures. Il faut d'abord que tout mon goémon soit consumé… Mais vous n'avez qu'à faire quelques pas sur la dune : ce serait bien extraordinaire si, à moins d'une portée de sifflet d'ici, vous ne trouviez pas ce que vous désirez.

Je suis le conseil du brave homme et, en effet, sur une dune voisine, je découvre un autre groupe de soudiers dont la récolte est complètement incinérée. Bateaux et civières ont fini leur tâche et c'est maintenant le tour des piffons ou *ringards*, grosses barres de fer dont on travaille vigoureusement la cendre en fusion. Quelques minutes de malaxage, et la bouillie de soude, au bout de ce temps, a pris assez de consistance pour qu'on puisse lui donner la forme réglementaire ; on l'étalé soigneusement dans son moule ; on la tasse et on l'égalise au moyen d'une palette en bois et on la laisse refroidir toute la nuit. Le lendemain on la sort de son moule, convertie en blocs noirs rectangulaires, durs comme ciment, qu'on pose de champ sur la dune autour d'un mât de charge ou d'une gaffe à faucille. Quand le goémon est bien sec et le vent favorable, on peut faire ainsi jusqu'à 1 000 kilos de soude par jour.

— Soit 100 francs par fournée, dis-je à l'homme qui vient de me donner ces renseignements.

— 100 francs ! riposte ironiquement l'homme… Oui, c'est le prix du cours, le prix qu'on est censé nous payer les 4 000 kilogrammes. Seulement, quand on apporte à l'usine un chargement de pains de soude, l'usinier commence par y prélever un échantillon pour le soumettre à l'analyse et, je ne sais comment cela se fait, mais l'échantillon est toujours reconnu défectueux, ce qui permet de ne plus nous payer la fournée que 50 francs, 30 francs même quelquefois.

— Portez vos pains ailleurs, en ce cas.

— Il ne servirait de rien. Toutes les usines de la région sont syndiquées et l'on ne prend pas à Portsal les pains refusés à l'Aber…

Qu'y a-t-il de justifié dans ces doléances ? J'en ai voulu avoir le cœur net et me suis rendu chez divers usiniers de la région. Mais ces messieurs ne sont pas toujours d'un abord facile. À l'A…, par exemple, et bien qu'un ami m'ait servi de caution, je me suis heurté à une consigne sévère :

— Tous nos regrets, cher monsieur. Les étrangers ne sont pas admis à visiter l'usine.

Nous ne sommes pourtant plus au temps, déjà lointain (1811), où Courtois signalait pour la première fois la présence de l'iode dans les résidus des cendres de varech, et le traitement de la soude n'est aujourd'hui un secret pour personne. Aussi bien ai-je pu me convaincre, en visitant des usines moins ombrageuses, qu'il fallait chercher ailleurs la raison du mystère dont s'entourent certains fabricants : l'industrie française, guettée par les entrepreneurs de grève, suspecte aux représentants de l'autorité, se tient un peu partout sur la défensive, multiplie les précautions et ne souhaite rien tant que de passer inaperçue. Dans la branche qui nous occupe, par exemple, un observateur superficiel ou malintentionné pourrait tirer argument de la faiblesse des salaires ouvriers et n'oublierait que l'incertitude et la précarité du marché économique. Déjà, par l'effet de la concurrence péruvienne, chilienne, norvégienne, allemande, et même japonaise, le prix de l'iode, qui avait atteint 150 francs le kilogramme, est descendu à 25 francs. Mais il eût suffi, pour ouvrir la crise, des seuls nitrates bruts du Pérou et du Chili.

— Songez qu'ils contiennent assez d'iode pour approvisionner pendant cinquante ans le monde entier ! me disait M. L…, maire et usinier du C… C'est en 1873 qu'on les découvrit, mais leur entrée en scène ne date réellement que de 1880 : le krach fut immédiat. L'avilissement du prix de l'iode, qui tomba brusquement à 14 francs, faillit ruiner toutes les usines de France et d'Angleterre. De fait, beaucoup sombrèrent. Des dix-huit usines que comptait la France à cette époque, il n'en reste plus que neuf, dont cinq, les plus importantes, dans le Finistère. Cette guerre sans merci dura jusqu'en 1885. Pour peu qu'elle se fût prolongée, il en eût été de l'iode comme du brome, que nos prédécesseurs extrayaient aussi du varech et dont la fabrication exclusive appartient aujourd'hui à l'Allemagne. Les fameux gisements de Strassfurt le contiennent à l'état de bromure de magnésium, exactement comme les nitrates du Pérou contiennent l'iode à l'état d'iodate. Il s'y trouve seulement en bien plus faibles proportions ; mais, par suite de l'importance colossale du gisement, qui fournit à peu près tout le chlore et la potasse consommés sur le globe, ces faibles quantités de brome, concentrées et traitées presque sans frais, finissent encore par représenter un chiffre de 6 ou 700 tonnes. Résultat : on a dû renoncer en France à traiter les varechs et les eaux-mères des salines du Midi ; vous trouverez tant que vous voudrez, sur la place de Paris, du brome de Strassfurt à 5 francs le kilogramme, et le même produit revenait à 7 francs aux fabricants français !...

— Il fallait frapper le brome étranger d'un droit d'entrée suffisamment élevé, dis-je à M. L... L'iode étranger ne paie-t-il point à l'importation 5 francs par kilogramme ?

— Mais l'iode nous vient surtout d'Amérique, me répond M. L..., tandis que le brome, produit allemand, est couvert par le traité de Francfort. Puis, je n'ai qu'une foi médiocre dans l'efficacité du protectionnisme. Pour l'iode, par exemple, c'est moins le droit d'entrée qui nous sauve que le sens pratique de nos concurrents. Les fabricants américains ont vite reconnu qu'il était de leur intérêt de ne pas encombrer le marché des deux mondes et qu'à écouler leur stock d'iode petit à petit, ils en obtiendraient des prix plus rémunérateurs. Grâce à ces sages dispositions, nous pouvons lutter encore...

— Et même faire d'assez beaux bénéfices, si j'en crois le syndicat de pharmaciens qui a fondé l'usine de P... pour la fabrication de l'iode par endosmose ?...

M. L... sourit.

— Il faut laisser dire. Les pharmaciens dont vous parlez n'arrivaient point à comprendre qu'on leur demandât 25 francs d'un produit qu'ils revendent 200 francs au détail. Ils ont voulu fabriquer eux-mêmes leur iode. Je ne sais s'ils s'en trouvent bien, mais je puis vous garantir que nous ne nous en portons pas plus mal.

Oui, vous êtes syndiqués, vous aussi.

— Il le faut bien. Comment aurions-nous pu sans cela résister à la concurrence américaine ? Et, d'ailleurs, notre syndicat laisse en dehors de lui trois ou quatre établissements.

— Vidons le sac pendant que nous y sommes : les soudiers vous reprochent encore, moins vos bas prix, que les réductions que vous faites subir aux prix établis. Est-il vrai que, de 400 francs les 1 000 kilogrammes, ces prix tombent quelquefois à 50, même à 30 francs ?

— Eh ! les soudiers n'ont que ce qu'ils méritent ! Quand on apporte à l'usine des pains de soude, il faut bien en faire le titrage scientifique. Autrement, nous serions volés. Les soudiers ne tiennent aucun compte de nos avis et mêlent indifféremment dans leurs fours toutes les espèces de goémons. Il s'ensuit que leurs pains sont plus ou moins riches en iode et en sels de potasse. Nous payons en conséquence, d'après le cours… Ils se plaignent, dites-vous ? Ils se plaindront bien davantage, quand nous ne serons plus là. Car, il faut bien l'avouer, monsieur, notre profession n'est plus qu'un anachronisme, une forme archaïque et surannée d'industrie appelée à disparaître tôt ou tard. Nous sommes à la merci des Américains : on ne consomme pas de l'iode comme du pain. Tant que le trust limitera volontairement sa production, nous tiendrons ; quand il ne la limitera plus, nous plierons bagage. Il y a comme une fatalité sur toutes les industries bretonnes. Elles agonisent l'une après l'autre, et nous éprouvons le sort qu'ont connu avant nous l'industrie textile et l'industrie minière et qui menace en ce moment même l'industrie des grandes pêches : le temps de la Bretagne industrielle est passé…

Mais peut-être que le temps de la Bretagne agricole est venu.

Du moins le goémon perdu pour l'usine ne l'est-il pas pour la terre : il peut, il doit devenir ici, comme à Plougastel, à Roscoff et à Pleubian, comme en Saintonge, à Noirmoutier et dans la baie de Bourgneuf, l'élément régénérateur du sol, son grand agent de transformation économique. C'était l'opinion du savant Baudrillart et c'est encore l'opinion d'un agronome distingué, M. Charles Fasquelle, ancien professeur d'agriculture de l'Yonne, qui reconnaît au goémon les qualités d'un excellent engrais [10]. Les légendaires bretons eux-mêmes, en qui Renan discernait des sortes de *richis* vivant dans la communion de la nature et initiés à ses secrets les plus intimes, semblent avoir eu le confus pressentiment des services que peut rendre la flore des profondeurs. Dans un conte publié par Souvestre, une certaine herbe couleur de mer, qui pousse sur les rochers des Sept-Îles, est le lien magique qui assujettit et domestique la vache marine Mor-Vyoc'h, dont le lait ne tarit jamais, emblème de la fécondité du sol amendé par le précieux végétal. Un autre conte, que j'ai entendu dans mon enfance, met en scène une manière de kraken ou dragon marin, préposé, dans une grotte de corail, à la garde d'un fucus merveilleux, *ar bizin aour*, l'algue d'or, dont la possession confère à celui qui la cueille en état de grâce, avec un couteau vierge, une puissance absolue sur tous les éléments. Le kraken n'existe plus, mais l'algue d'or est toujours là. Un sens profond se cache sous le vieux mythe, qu'il appartient à nos Bretons de dégager : ces landes grises, ces dunes mornes, qui couvrent encore près d'un cinquième de leur territoire, le contact de la plante enchantée peut les convertir en pâturages luxuriants, en fertiles jardins maraîchers. Mais l'antique prescription n'a pas changé, et la plante n'a de vertu que si l'on a d'abord fait pénitence de tous ses préjugés, chassé loin de soi la paresse et la routine, — ce qui constitue proprement, aux yeux des économistes, l'état de grâce par excellence.

Notes

1. « Néanmoins, dit l'article 118 du Décret du 6 septembre 1853, pour la récolte de ceux de ces goémons qui sont destinés aux besoins particuliers des cultivateurs, ces derniers et leurs valets de ferme peuvent accidentellement s'adjoindre aux équipages réguliers des bateaux, sans toutefois que leur nombre excède deux individus par tonneau, non compris les hommes du bord. » En réalité, nombre de petits cutivateurs sont en même tempa inscrits maritimes

2. L'industrie du jargot, qui s'est étendue au Finistère, fut longtemps resserrée entre ces deux points de la côte trégorroise. — Certaines communes, suppléant au silence de la loi, ont essayé de réglementer elles-mêmes la coupe du jargot ou lichen. C'est ainsi que le « règlement » voté par le Conseil municipal de Trégastel pour l'année 1905 portait : « Art. 10. La coupe du lichen commencera le 1er juillet 1905 et prendra fin le 30 septembre suivant. » Le sous-préfet de Lannion retourna la délibération en faisant remarquer « que la récolte du lichen a fait l'objet d'une étude très détaillée dont les résultats ont été adressés à M. le ministre de la Marine en 1903, et qu'aucune solution n'est encore intervenue. »

3. Holà ! s'écrie la fille aînée, à mon tour de parler. Rigodon, etc. — Quand le goémon blanc sera vendu, j'achèterai une robe double-chaîne. Rigodon, etc. — Et un devantler de casimir qui me

tombera jusqu'aux genoux. Rigodon, etc. — Au

bas sera une dentelle ; sur la poche un nœud de rubans. Rigodon, etc.

4.   Tant qu'il y aura du jargot, nous irons le cueillir au bord de la mer. Rigodon, etc

5.   L'un de ces arguments a été repris cependant au dernier congrès de l'Association française pour l'avancement des sciences (août 1905) : si le poisson ne fraie pas dans les herbes marines, il est certain que le plankton (masse de petits organismes larvaires ou élémentaires dont il fait sa nourriture) provient en grande partie de ces herbes. M. de Seilhac, l'un des congressistes, en a voulu conclure que c'étaient les goémoneurs qui avaient chassé la sardine des côtes bretonnes. Comme si la coupe du goémon était d'institution récente ! Comme si, surtout, l'on observait pour la première fois une irrégularité dans la « montée » du plus capricieux de nos poissons !

6.   Il y eut bien un arrêté du représentant du peuple Lecarpentier, en date du 12 vendémiaire an II, qui enlevait le droit exclusif de coupe aux communes riveraines, pour le motif que « l'exclusion des communes non limitrophes était injurieuse à l'égalité, préjudiciable à la fécondité de la terre et qu'il en résultait une déperdition sensible du varech, dont le surplus n'était pas consommé par les privilégiés. » Mais cet arrêté ne tarda pas à être rapporté par un autre arrêté en date du 18 thermidur an X.

7.   Beaucoup de communes du littoral en Bretagne possèdent leur « gardien de grève » assermenté (ar gardienn-aod), indépendant du garde champêtre et chargé, moyennant une légère rétribution annuelle, de la surveillance du goémon de rive.

8.   C'était, du reste, un récidiviste de l'héroïsme que cet abbé Le Luyer, curé de Trébeurden, dont le nom est resté si populaire sur toute la côte bretonne et qui fut le premier maître et le protecteur du peintre Jean-Louis Hamon. En 1831, il avait sauvé l'équipage d'un navire jeté à la côte ; en 1832, il avait été la providence des cholériques. En 1841 encore, tout accablé d'infirmités, il retira de l'eau un journalier de Lannion qui se noyait. La croix de la Légion d'honneur, qui lui avait été décernée le 21 août 1838, était à sa place sur cette valeureuse poitrine.

9.   D'où peut-être son nom indigène de talit. La laminaria phillitis et la laminaria digitata paraissent correspondre, d'autre part, au melkern des Bretons.

Charles Le Goffic

10. Cf. Bréhat agricole {Journal d'Agriculture, mai 1900). M. Fasquelle a analysé ce goémon et y a trouvé les élémens qui suivent : matière organique hydrocarbonée 54,85 ; azote 3,73 ; acide phosphorique 0,57 ; chaux (ajoutée) 7,30 ; potasse 10,00 ; soude 13,85. D'après M. Fasquelle, les engrais marins doivent être enfouis à une certaine profondeur (15 à 20 centimètres au moins) et, dans les sols un peu forts, il sera bon de faire passer de temps en temps la charrue fouilleuse.

ISBN : 978-1546862376